Dar forma a nuestro mundo

Las figuras de dos dimensiones

Julia Wall

Créditos de publicación

Editor
Peter Pulido

Editora asistente
Katie Das

Directora editorial
Emily R. Smith, M.A.Ed.

Redactora gerente
Sharon Coan, M.S.Ed.

Directora creativa
Lee Aucoin

Editora comercial
Rachelle Cracchiolo, M.S.Ed.

Créditos de imágenes

La autora y el editor desean agradecer y dar crédito y reconocimiento a los siguientes por haber dado permiso para reproducir material con derecho de autor: portada Big Stock Photo; p.1 Photos.com; p.4–5 Photolibrary.com/Alamy; p.6 Big Stock Photo; p. 7 (ambas) Big Stock Photo; p.10 Big Stock Photo; p.19 (superior) Rob Cruse; p.19 (fondo) Photolibrary.com/Alamy/Rick & Nora Bowers; p.21 Photos.com; p.22 Shutterstock; p.23 Big Stock Photo; p.24 Photos.com; p.25 Big Stock Photo; p.26 Big Stock Photo; p.27 (superior) Photolibrary.com/Mike Ford; p.27 (fondo) Photolibrary.com/Alamy; p.28 Big Stock Photo

Teacher Created Materials

5301 Oceanus Drive
Huntington Beach, CA 92649-1030
http://www.tcmpub.com
ISBN 978-1-4333-0499-6
© 2009 Teacher Created Materials
Printed in China
Nordica.022019.CA21900056

Contenido

¡Hay figuras por todas partes!

Las figuras están alrededor de ti. Mira alrededor de la clase. ¿Qué figuras puedes ver?

Tu escritorio podría ser un cuadrado. La puerta es un rectángulo. El reloj de pared probablemente sea un círculo.

¿Qué forma tienen tus libros y cualquier cuadro que cuelga de la pared?

Tu salón de clase tiene muchas figuras.

Exploremos las matemáticas

Mira la bandera de los Estados Unidos de América en el salón de clase.

a. ¿Cuántas figuras diferentes puedes ver?

b. ¿Cuántas figuras de cada clase hay? *Pista*: Busca la forma de la bandera y también las figuras dentro de ella.

Piensa en las figuras en la ruta hacia la escuela. El volante del autobús escolar es un círculo. ¿Pasas por alguna señal de tráfico en forma de círculo?

Quizás tengas que parar en un cruce de peatones. ¿Está marcado con rectángulos? ¿Hay algunas señales en forma de triángulos?

Todas estas figuras se conocen como figuras bidimensionales o de dos dimensiones.

Este cruce está en Inglaterra. Tiene rectángulos.

Hay una figura de triángulo en esta señal de Irlanda.

CEDA EL PASO

¿Qué significa "de dos dimensiones"?

La mayoría de las figuras bidimensionales tienen longitud y altura. Cada una de ellas se conoce como **dimensión**.

Este rectángulo tiene dos dimensiones: largo y ancho.

También puedes llamarles "polígonos" a algunas figuras de dos dimensiones. Los polígonos son figuras de dos dimensiones con tres o más lados rectos.

Los cuadrados y los rectángulos son dos figuras de dos dimensiones que también se llaman polígonos.

No polígonos

Las figuras de abajo no son polígonos
Tienen lados **curvos**.

Las figuras regulares

Mira estas ventanas. Cada una de ellas está formada por dos cuadrados. Un cuadrado es una figura de dos dimensiones **regular**. Las figuras de dos dimensiones regulares tienen lados de la misma longitud.

Los cuadrados de esta ventana son figuras regulares de dos dimensiones.

¿De cuántos lados?

El **prefijo** del nombre de una figura te indica el número de lados que tiene. Por ejemplo, el "tri" de triángulo significa *tres*, y el "penta" de pentágono significa *cinco*.

uni = uno	bi = dos	tri = tres
quad = cuatro	penta = cinco	hex = seis
sept = siete	octa = ocho	nona = nueve
deca = diez		

Una figura regular de dos dimensiones también tiene **ángulos** que son iguales. Los ángulos se forman donde se juntan dos lados. Un pentágono regular tiene 5 lados que forman 5 ángulos iguales.

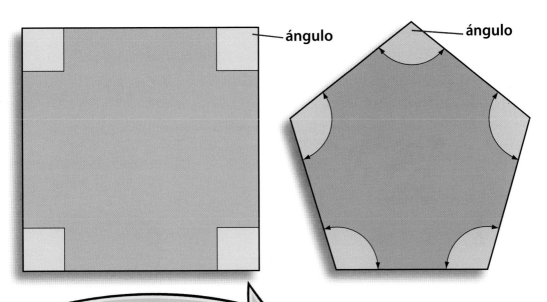

ángulo

ángulo

Exploremos las matemáticas

Puedes unir dos figuras regulares para hacer otra figura. Mira esta figura.

a. ¿Cómo se llama esta figura?
Pista: Cuenta el número de lados.

b. ¿Cuáles dos figuras regulares se juntaron para formar esta figura?

c. Usa dos formas rectangulares diferentes para hacer tu propia figura. Ponle nombre a tu figura.

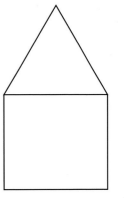

Las figuras irregulares

Algunas figuras de dos dimensiones son **irregulares**. Los lados o ángulos de las figuras irregulares de dos dimensiones no son iguales. Los lados de una figura irregular algunas veces son curvos.

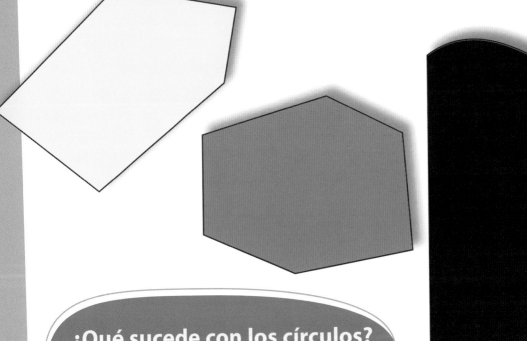

¿Qué sucede con los círculos?

Un círculo es otra figura de dos dimensiones. ¿Cuántos lados crees que tiene un círculo?

Mira estos 2 pentágonos. Los dos pentágonos tienen 5 lados, pero uno es regular y el otro es irregular.

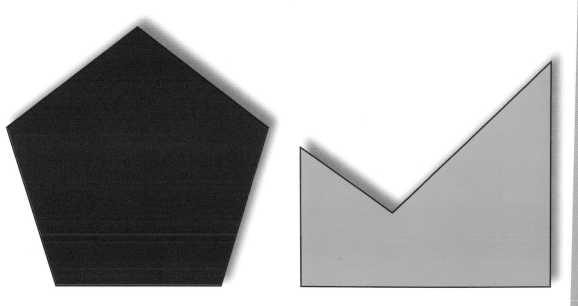

pentágono regular　　　　　　　**pentágono irregular**

Sin límites

No hay límite en el número de lados que puede tener una figura de dos dimensiones. Seguramente necesitarías mucho tiempo para dibujar un mégagon ¡porque tiene un millón de lados!

Los ángulos rectos

Los lados de una figura de dos dimensiones se unen para formar ángulos. Los ángulos son medidos en grados. Usamos el símbolo° para indicar los grados. Un ángulo que mide 90 grados es un ángulo recto.

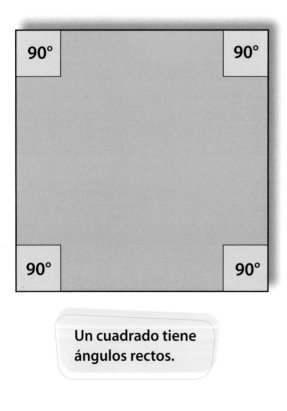

Un cuadrado tiene ángulos rectos.

Un rectángulo tiene ángulos rectos.

Tanto las figuras regulares de dos dimensiones como las irregulares tienen ángulos. Pero algunos de los ángulos son mayores o menores que un ángulo recto.

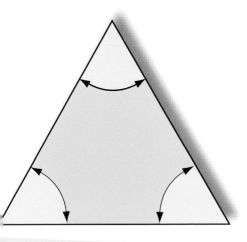

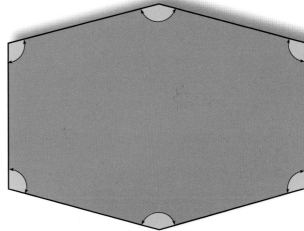

Este triángulo es una figura de dos dimensiones regular. Tiene ángulos de menos de 90 grados.

Los ángulos de este hexágono irregular son mayores de 90 grados.

Exploremos las matemáticas

Observa estas figuras.

a. ¿Cuál de estas figuras tiene ángulos de más de 90 grados?

b. ¿Cuál de estas figuras tiene 4 ángulos rectos?

Las clases de triángulos

Hay 3 clases comunes de triángulos. Se les llama triángulos rectos, equiláteros e isósceles.

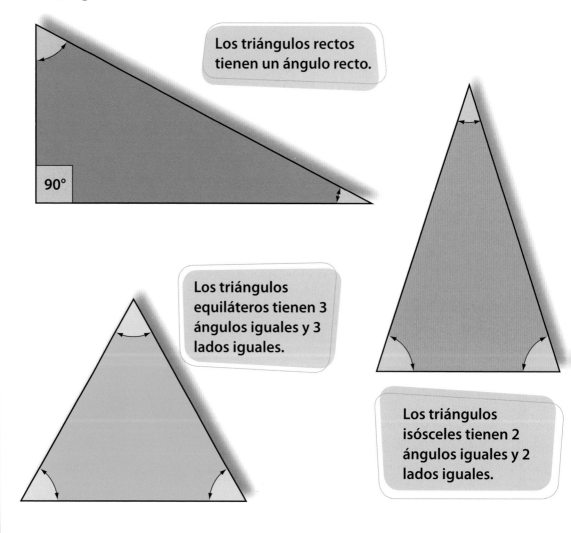

Los triángulos rectos tienen un ángulo recto.

90°

Los triángulos equiláteros tienen 3 ángulos iguales y 3 lados iguales.

Los triángulos isósceles tienen 2 ángulos iguales y 2 lados iguales.

La congruencia

Las figuras **congruentes** tienen la misma forma y tamaño. Algunas veces tienes que girar, voltear o deslizar las figuras para hacer que concuerden exactamente.

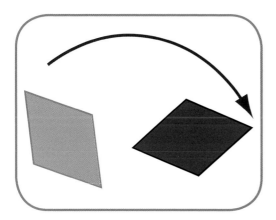

girar

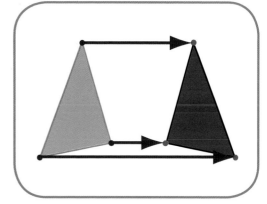

voltear

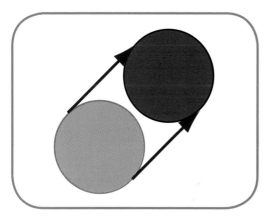

deslizar

Términos matemáticos

Hay palabras especiales de matemáticas para girar, voltear y deslizar.

girar = rotación

voltear = reflexión

deslizar = traslación

La línea de simetría

Cuando dos figuras de dos dimensiones se doblan por la mitad, las dos mitades son iguales. La línea donde cada figura puede doblarse recibe el nombre de línea de **simetría**.

Si doblas este cuadrado a lo largo de su línea de simetría, cada mitad será igual a la otra.

La simetría

Simetría significa que la mitad de algo es exactamente igual a la otra mitad.

Puedes probar una línea de simetría utilizando un espejo. Pon un espejo a lo largo de la línea de simetría y deberías poder ver la figura original.

Simetría animal

Algunos animales tienen una línea de simetría. Observa la línea de simetría en esta mariposa.

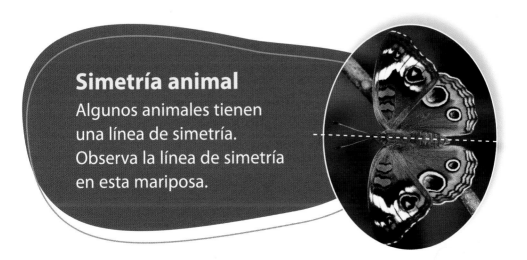

Algunas figuras de dos dimensiones tienen varias líneas de simetría. Observa algunas de las líneas de simetría de estas figuras. ¿Ves alguna otra línea de simetría?

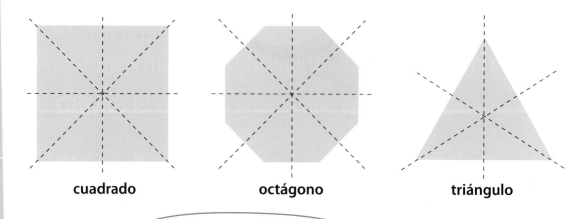

cuadrado   octágono   triángulo

Figura simétrica

Una figura que tiene una línea o varias líneas de simetría recibe el nombre de figura simétrica.

Exploremos las matemáticas

Algunas letras son simétricas. ¿Puedes encontrar por lo menos una línea de simetría en cada letra? *Pista*: Una de las letras tiene más de una línea de simetría.

A   B   H

Las figuras en los patrones

Las figuras de dos dimensiones son buenas para hacer patrones. Observa tu cocina o baño en casa. ¿Hay figuras como cuadrados o triángulos que forman patrones en las paredes o pisos?

Las losetas de cuadrados forman un patrón en el piso de esta cocina.

Decoración con figuras

La gente ha usado patrones de figuras por miles de años. Se les usa para decorar la cerámica, los edificios, las alfombras, el papel tapiz y la ropa.

a. ¿Qué par de figuras son las siguientes en cada patrón?

b. ¿Cuál es la vigésima figura en cada patrón?

c. Forma tu propio patrón de figuras.

Un patrón de figuras que se unen sin espacios recibe el nombre de **teselado**. Las figuras en los teselados no se **sobreponen**. Sólo 3 figuras forman teselados perfectos por sí solas. Son los cuadrados, los triángulos equiláteros y los hexágonos regulares.

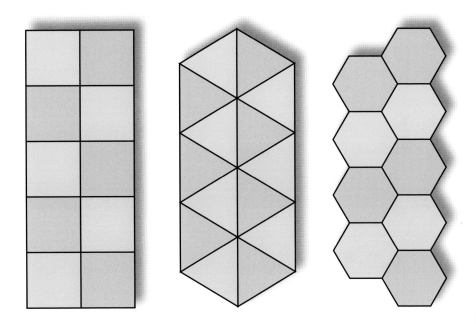

Teselados en la naturaleza

Los panales de miel son ejemplos de teselado en la naturaleza. Las abejas usan cera para crear sus panales que almacenan miel. Los panales están hechos en forma de hexágonos. Los hexágonos forman teselados perfectos.

Algunas veces, las figuras en teselado tienen que ser **transformadas**. Esto significa que deben ser rotadas (giradas), reflejadas (volteadas) o trasladadas (deslizadas). Esto las ayuda a unirse sin espacios.

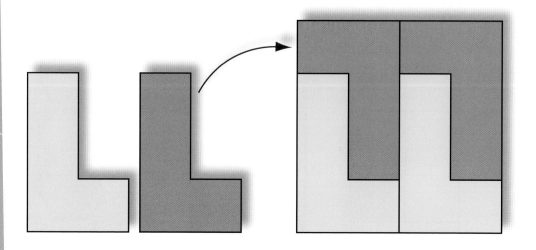

Algunas figuras forman un teselado cuando se rotan.

Construir con teselados

Los teselados se usan para **construir** edificios porque ayudan a mantener **estables** los edificios. ¿Hay alguna pared de ladrillos en el patio de tu escuela? Los ladrillos forman teselados porque este patrón hace que la pared sea más fuerte que si se colocaran los ladrillos uno sobre el otro.

Observa el sendero de tu jardín o un sendero en el parque local. Puede que veas otros teselados.

Los rectángulos en este sendero fueron repetidos para formar un teselado.

Exploremos las matemáticas

Forma tu propio patrón de figuras.

a. Dibuja un cuadrado, triángulo, rectángulo o hexágono regular en un cartón y recórtalo.

b. Traza la figura de tu cartón en papel.

c. Sigue trazando tu figura para formar un patrón de figuras. ¡Ahora coloréala!

Descubre las figuras

Las figuras de dos dimensiones están a tu alrededor. Están en tu escuela, en tu vecindario e incluso en tu propia casa.

Tu casa está llena de figuras de dos dimensiones.

La próxima vez que des un paseo, mira bien. ¡Puede sorprenderte lo que ves!

¡Puedes divertirte con las figuras de dos dimensiones!

Los popotes

Es un día lluvioso y Soula está aburrida. Su mamá acaba de regresar de la tienda de abarrotes. Soula decide ayudar a su mamá a desempacar los alimentos. La mamá ha comprado un paquete de popotes para beber para una parrillada el fin de semana. El paquete contiene 25 popotes del mismo tamaño.

Soula decide usar los popotes para hacer figuras en la mesa de la cocina.

¡Resuélvelo!

a. Soula tiene 25 popotes del mismo tamaño. ¿Cuántos triángulos y cuadrados puede hacer Soula con sus popotes? Tiene que usar todos los popotes sin dejar ninguno fuera de las figuras.

b. Haz el problema nuevamente y forma un número diferente de triángulos y cuadrados. (Te pueden quedar popotes sin usar.)

Sigue estos pasos para ayudarte a resolver los problemas.

Paso 1: Dibuja 25 líneas que representen a los popotes.

Paso 2: Dibuja un cuadrado. Marca el número de líneas que usaste.

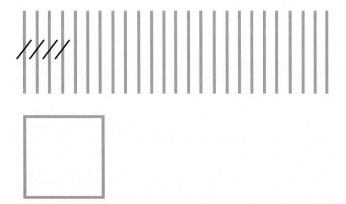

Paso 3: Dibuja un triángulo. Marca el número de líneas que usaste.

Paso 4: Para el problema a, sigue dibujando cuadrados y triángulos, marcando las líneas hasta que no queden más. Para el problema b, te pueden quedar líneas sin marcar.

Glosario

ángulos—los grados entre dos líneas unidas

congruente—que concuerda; exactamente lo mismo

construir—edificar algo

curvo—redondo; no derecho

dimensión—la medida de una figura; las figuras de dos dimensiones tienen ancho y largo

estable—que permanece en un lugar; no se mueve

irregular—no regular; una figura irregular tiene lados y ángulos que no son iguales

prefijo—una sílaba agregada al comienzo de otra palabra para darle un nuevo significado

regular—que tiene todos los lados iguales y todos los ángulos iguales

ruta—la manera de llegar a un lugar

simetría—que tiene el mismo tamaño y forma a través de una línea

teselado—un patrón de figuras que se repiten y que se unen sin aperturas y sin superposiciones

transformado—cambiado de alguna manera

Índice

Exploremos las matemáticas

Página 5:

a. Estrellas y rectángulos

b. 50 estrellas y 15 rectángulos
(13 rayas, 1 rectángulo azul, 1 bandera entera)

Página 11:

a. Pentágono

b. Un cuadrado y un triángulo

c. Las respuestas variarán.

Página 15:

a. El pentágono

b. El rectángulo

Página 20:

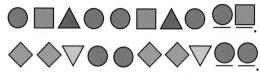

Página 22:

a.

b. La vigésima figura en cada patrón es un círculo.

c. Las respuestas variarán.

Página 25:

Las respuestas variarán.

Actividad de resolución de problemas:

a. Soula puede formar 4 cuadrados y 3 triángulos.

b. Las respuestas variarán, pero podrían incluir 4 triángulos y 3 cuadrados, quedando un popote.